AF216333

Impressum
Verlag: BABADADA GmbH, Nedderfeld 112 , 22529 Hamburg
Geschäftsführer / Verlagsleitung: Harald Hof
Druck: Books on Demand GmbH, In de Tarpen 42, 22848 Norderstedt

Imprint
Publisher: BABADADA GmbH, Nedderfeld 112 , 22529 Hamburg, Germany
Managing Director / Publishing direction: Harald Hof
Print: Books on Demand GmbH, In de Tarpen 42, 22848 Norderstedt, Germany

школа

escuela

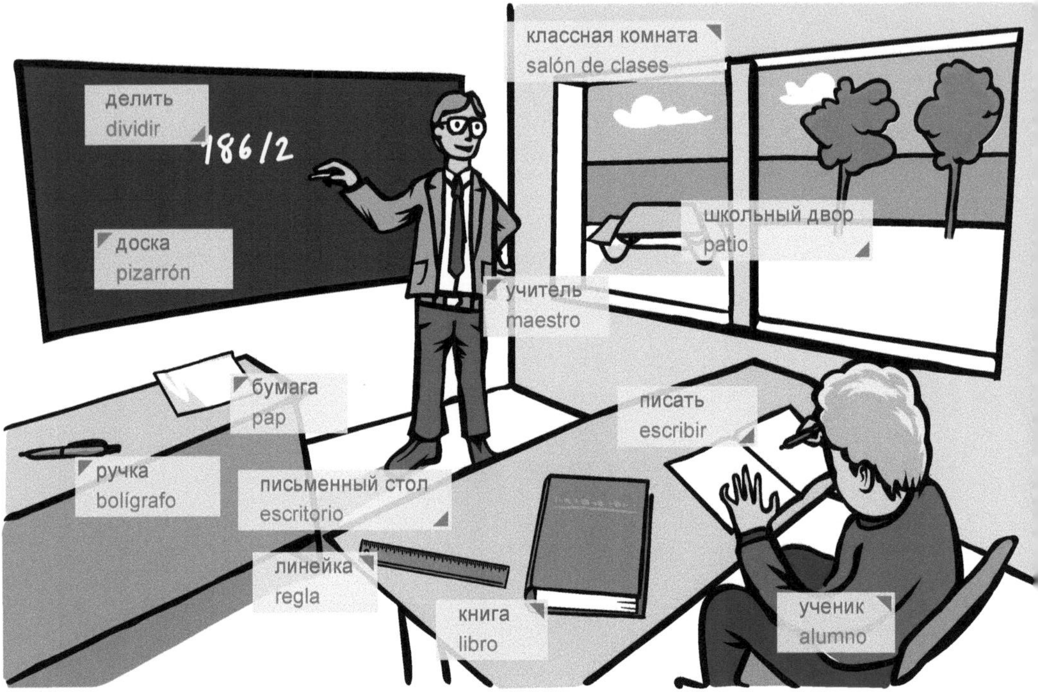

классная комната
salón de clases
делить
dividir
186/2
доска
pizarrón
школьный двор
patio
учитель
maestro
бумага
pap
писать
escribir
ручка
bolígrafo
письменный стол
escritorio
линейка
regla
книга
libro
ученик
alumno

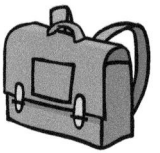

ранец

mochila

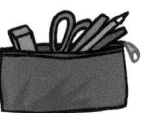

пенал

caja de lápices

карандаш

lápiz

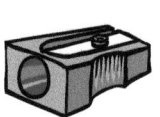

точилка

sacapuntas

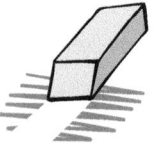

ластик

goma de borrar

альбом для рисования

bloc de dibujo

рисунок

dibujo

кисточка

pincel

коробка красок

caja de lápices de color

ножницы

tijeras

клей

pegamento

тетрадь

libro de ejercicios

домашняя работа

tarea

12

цифра

número

2+2

прибавлять

sumar

5-2

вычитать

restar

2×2

умножать

multiplicar

считать

calcular

A

буква

letra

ABCDEFG
HIJKLMN
OPQRSTU
VWXYZ

алфавит

alfabeto

hello

слово

palabra

текст

texto

читать

leer

мел

tiza

урок

lección

классный журнал

cuaderno de clase

экзамен

examen

диплом

certificado

школьная форма

uniforme

образование

educación

энциклопедия

enciclopedia

университет

universidad

микроскоп

microscopio

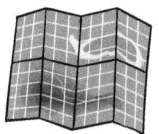

карта

mapa

корзина для бумаг

bote de basura

путешествие

viaje

гостиница
hotel
Grand
турбаза
hostel
ROOMS
пункт обмена валюты
casa de cambio
EXCHANGE
чемодан
maleta
автомобиль
carro

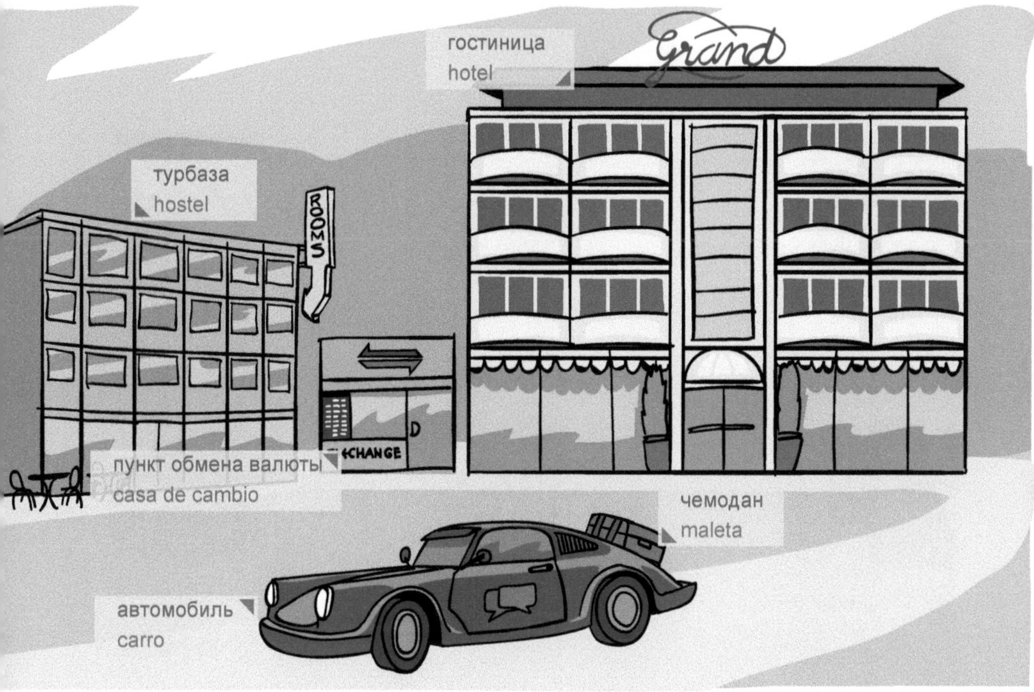

язык
idioma

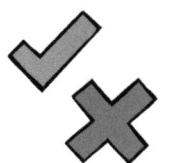

да / нет
sí / no

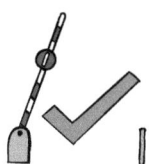

хорошо
Órale

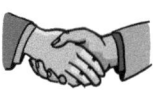

Привет
hola

переводчик
traductor

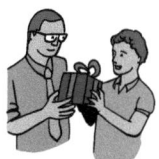

Спасибо
Gracias

Сколько стоит...?

¿cuánto cuesta...?

Я не понимаю

No entiendo

проблема

problema

Добрый вечер!

¡Buenas tardes!

Доброе утро!

¡Buenos días!

Доброй ночи!

¡Buenas noches!

До свидания

adiós

направление

dirección

багаж

equipaje

сумка

bolsa

рюкзак

mochila

гость

invitado

комната

recámara

спальный мешок

bolsa de dormir

палатка

tienda de campaña

туристическая информация
información turística

пляж
playa

кредитная карточка
tarjeta de crédito

завтрак
desayuno

обед
almuerzo

ужин
cena

билет
billete

лифт
ascensor

почтовая марка
sello

граница
frontera

таможня
aduana

посольство
embajada

виза
visa

паспорт
pasaporte

транспорт
transporte

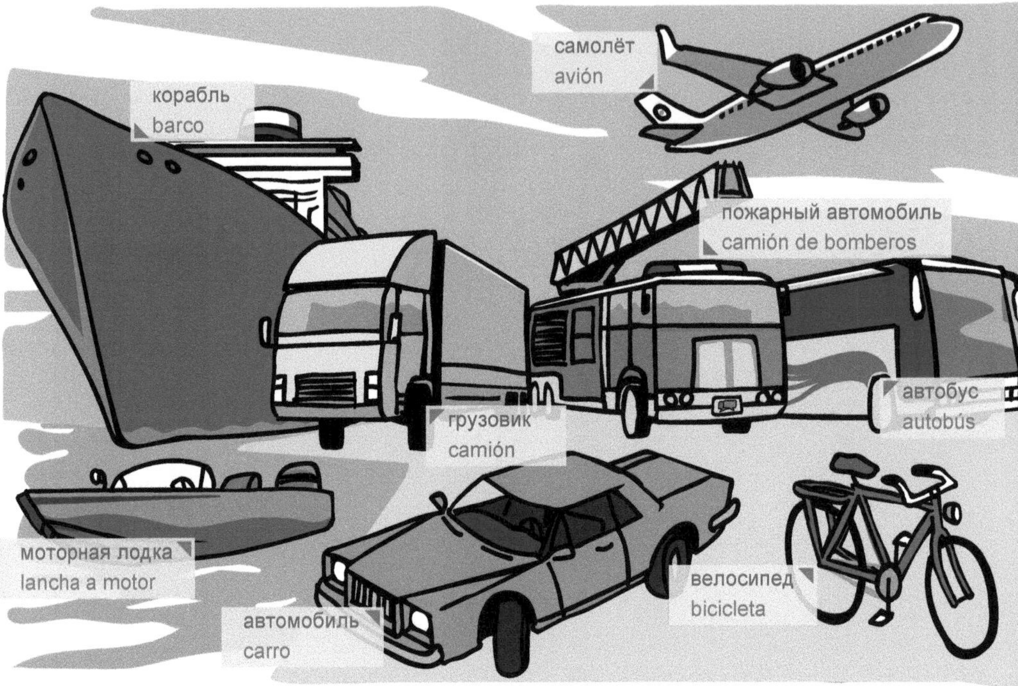
самолёт
avión
корабль
barco
пожарный автомобиль
camión de bomberos
автобус
autobús
грузовик
camión
моторная лодка
lancha a motor
велосипед
bicicleta
автомобиль
carro

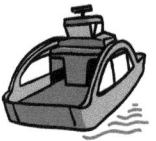

паром

ferry

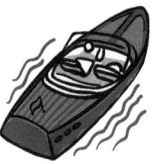

лодка

bote

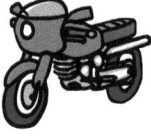

мотоцикл

motocicleta

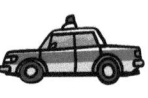

полицейский автомобиль

patrulla

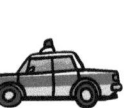

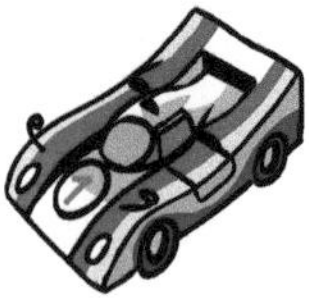

гоночный автомобиль

coche de carreras

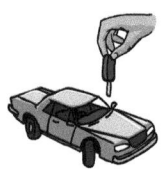

арендованный автомобиль

auto para rentar

совместное пользование
автомобилями

renta de autos

буксировочный
автомобиль
грúа

мусоровоз

camión recolector de
basura

двигатель

motor

топливо

gasolina

заправка

gasolinera

дорожный знак

señal de tráfico

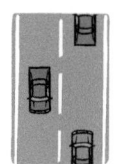

движение

tránsito

пробка

embotellamiento

автостоянка

aparcamiento

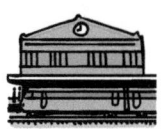

вокзал

estación de tren

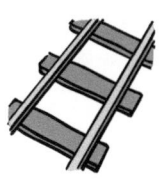

рельсы

vías

поезд

tren

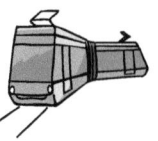

трамвай

tranvía

вагон

vagón

вертолёт

helicóptero

аэропорт

aeropuerto

вышка

torre

пассажир

pasajero

контейнер

contenedor

коробка

caja de cartón

тележка

carretilla

корзина

cesta

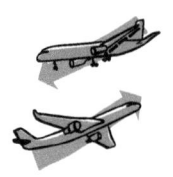

взлетать / приземляться

despegar / aterrizar

город

ciudad

деревня

pueblo

центр города

centro de ciudad

дом

casa

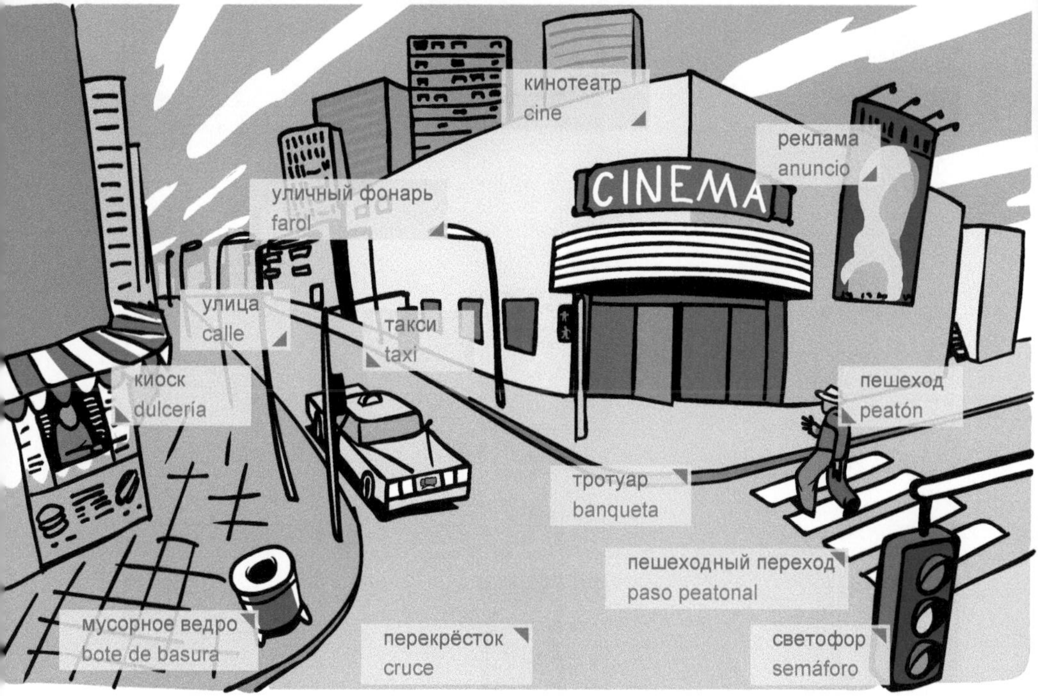
кинотеатр
cine
CINEMA
реклама
anuncio
уличный фонарь
farol
улица
calle
такси
taxi
киоск
dulcería
пешеход
peatón
тротуар
banqueta
пешеходный переход
paso peatonal
мусорное ведро
bote de basura
перекрёсток
cruce
светофор
semáforo

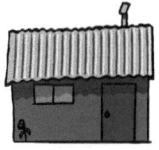

хижина

cabaña

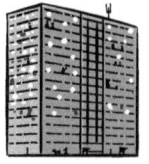

квартира

apartamento

вокзал

estación de tren

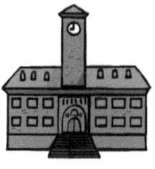

ратуша

ayuntamiento

MUSEUM

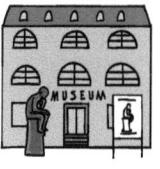

музей

museo

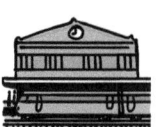

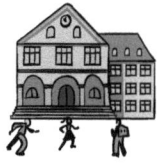

школа

escuela

университет

universidad

банк

banco

больница

hospital

гостиница

hotel

аптека

farmacia

офис

oficina

книжный магазин

librería

магазин

tienda

цветочный магазин

florería

супермаркет

supermercado

рынок

mercado

универмаг

grandes tiendas

торговец рыбой

pescadería

торговый центр

centro comercial

порт

puerto

парк
parque

скамейка
banco

мост
puente

лестница
escaleras

метро
metro

тоннель
túnel

автобусная остановка
parada de autobús

бар
bar

ресторан
restaurante

почтовый ящик
buzón

табличка с названием
улицы
letrero

паркометр
parquímetro

зоопарк
zoológico

бассейн
alberca

мечеть
mezquita

ферма

granja

загрязнение окружающей среды

contaminación

кладбище

cementerio

церковь

iglesia

детская площадка

área de niños

храм

templo

ландшафт

paisaje

лист
hoja

дорожный указатель
señal

дорога
camino

луг
pradera

камень
piedra

путешественник
caminante

дерево
árbol

река
río

трава
pasto

цветок
flor

долина
valle

гора
montaña

озеро
lago

лес
bosque

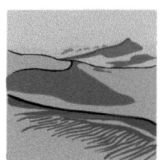

пустыня
desierto

вулкан
volcán

замок
castillo

радуга
arco iris

гриб
champiñón

пальма
palmera

комар
mosquito

муха
mosca

муравей
hormiga

пчела
abeja

паук
araña

жук

escarabajo

лягушка

rana

белка

ardilla

еж

erizo

заяц

liebre

сова

lechuza

птица

pájaro

лебедь

cisne

кабан

jabalí

олень

ciervo

лось

alce

плотина

embalse

ветряной генератор

turbina eólica

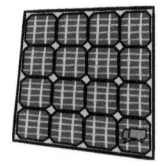

солнечная батарея

pansolar

климат

clima

ресторан

restaurante

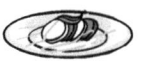

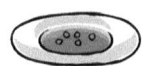

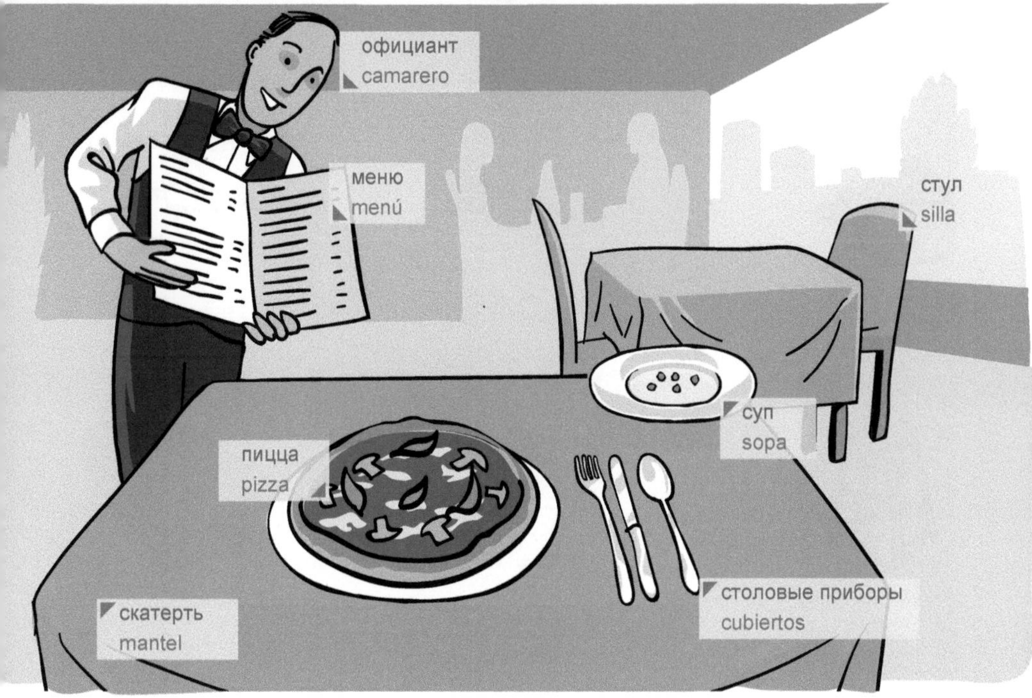

официант
camarero
меню
menú
стул
silla
суп
sopa
пицца
pizza
столовые приборы
cubiertos
скатерть
mantel

закуска

entrada

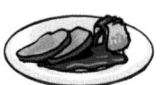

главное блюдо

plato fuerte

десерт

postre

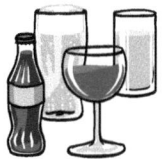

напитки

bebidas

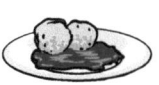

еда

comida

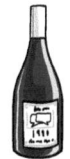

бутылка

botella

фастфуд

comida rápida

уличная еда

comida de calle

чайник

tetera

сахарница

azucarera

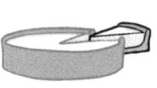

порция

porción

кофеварка

cafetera espresso

детский стульчик

periquera

счет

cuenta

поднос

charola

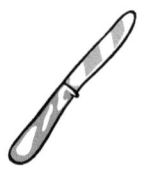

нож

cuchillo

вилка

tenedor

ложка

cuchara

чайная ложка

cuchara de té

салфетка

servilleta

стакан

vaso

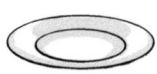

тарелка

plato

суповая тарелка

plato hondo

блюдце

plato

соус

salsa

солонка

salero

мельница для перца

molino para pimienta

уксус

vinagre

масло

aceite

специи

especias

кетчуп

kétchup

горчица

mostaza

майонез

mayonesa

супермаркет
supermercado

специальное предложение
oferta especial
FOR
покупатель
cliente
молочные продукты
productos lácteos
фрукты
fruta
тележка для покупок
carrito para compras

BUTCHERS

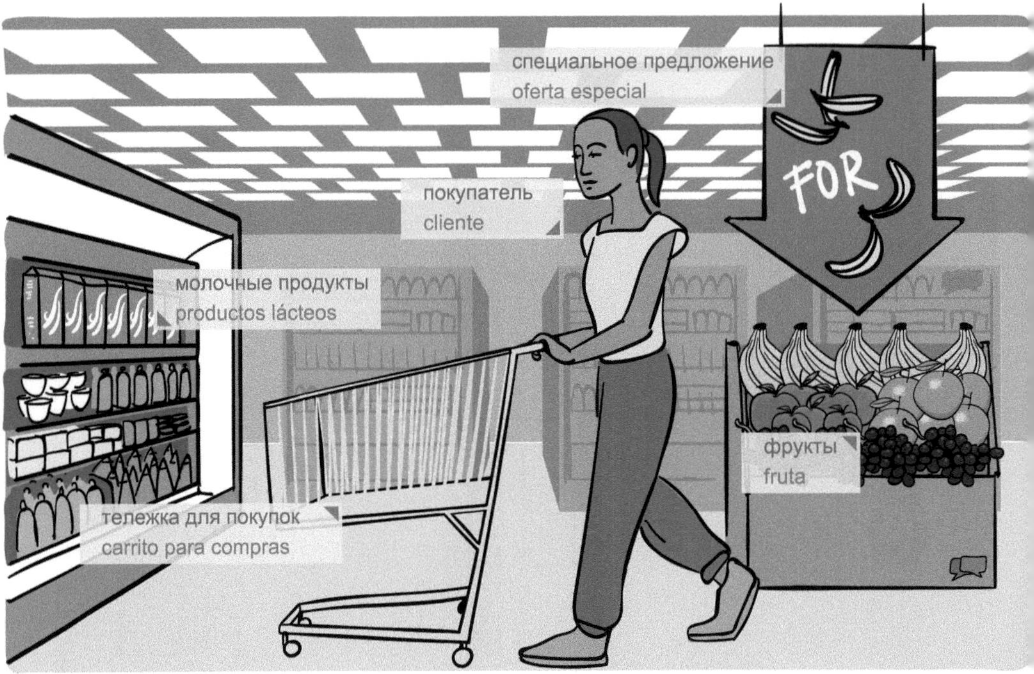

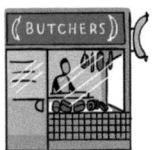

мясной магазин

carnicería

BAKERY

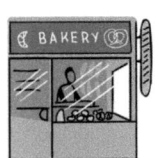

пекарня

panadería

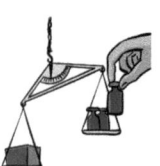

взвешивать

pesar

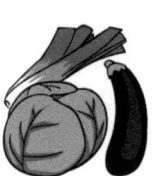

овощи

vegetales

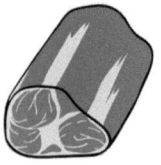

мясо

carne

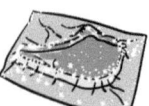

быстрозамороженные продукты

alimentos congelados

нарезка

carnes frías

консервы

alimentos enlatados

стиральный порошок

detergente en polvo

сладости

dulces

предмет домашнего
обихода
electrodomésticos

моющее средство

productos de limpieza

продавщица

vendedora

касса

caja

кассир

cajero

список покупок

lista de compras

время работы

horario de atención al
público

бумажник

cartera

кредитная карточка

tarjeta de crédito

сумка

bolsa

полиэтиленовый пакет

bolsa de plástico

вода

agua

сок

jugo

молоко

leche

кока-кола

refresco de cola

вино

vino

пиво

cerveza

алкоголь

alcohol

какао

cacao

чай

té

кофе

café

эспрессо

espresso

капучино

cappuccino

банан

plátano

яблоко

manzana

апельсин

naranja

арбуз

melón

лимон

limón

морковь

zanahoria

чеснок

ajo

бамбук

bambú

лук

cebolla

гриб

champiñón

орехи

nueces

лапша

fideos

спагетти

espaguetis

рис

arroz

салат

ensalada

картофель фри

patatas fritas

жареный картофель

patatas fritas

пицца

pizza

гамбургер

hamburguesa

сэндвич

emparedado

шницель

filete

ветчина

jamón

салями

salami

колбаса

salchicha

курица

pollo

жаркое

asado

рыба

pescado

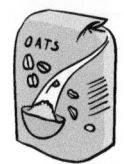

овсяные хлопья

copos de avena

мюсли

muesli

кукурузные хлопья

copos de maíz

мука

harina

круассан

cuernito

булочка

bolillo

хлеб

pan

тост

tostada

печенье

galletas

масло

mantequilla

творог

cuajada

пирог

pastel

яйцо

huevo

яичница

huevo frito

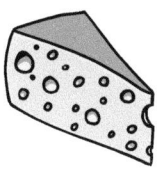

сыр

queso

мороженое

helado

сахар

azúcar

мёд

miel

мармелад

mermelada

крем с нугой

crema de chocolate

карри

curry

ферма
granja

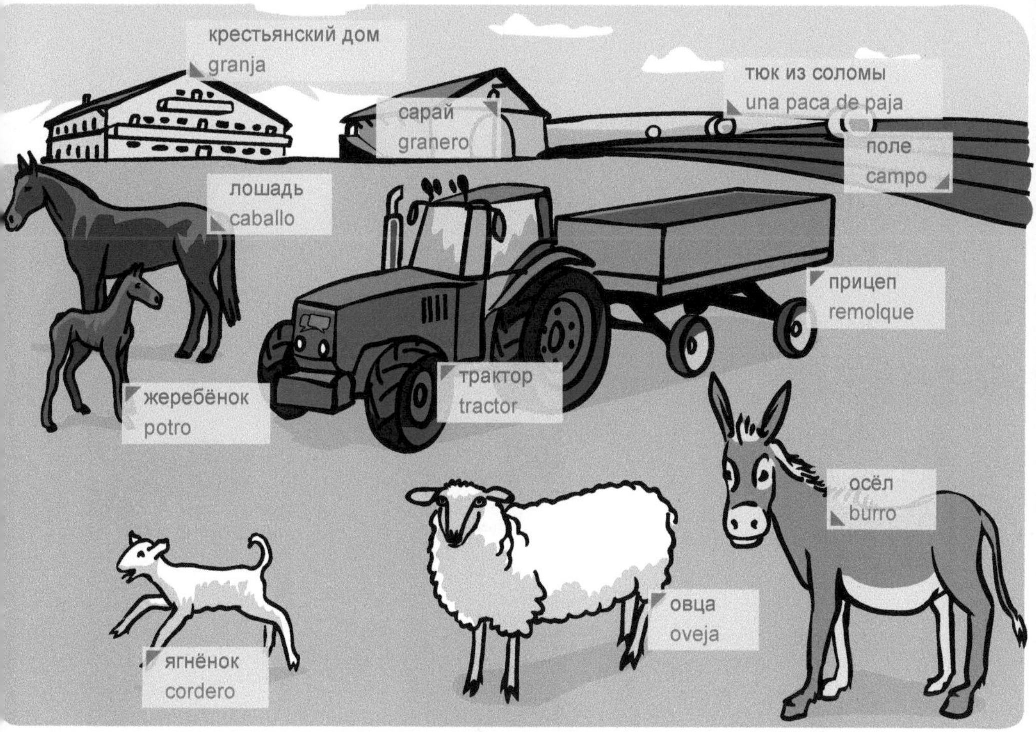
крестьянский дом
granja
сарай
granero
тюк из соломы
una paca de paja
поле
campo
лошадь
caballo
прицеп
remolque
трактор
tractor
жеребёнок
potro
осёл
burro
овца
oveja
ягнёнок
cordero

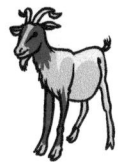

коза

cabra

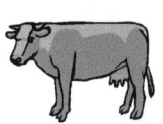

корова

vaca

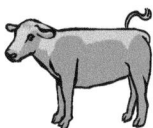

телёнок

ternero

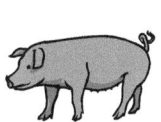

свинья

cerdo

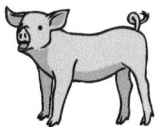

поросёнок

lechón

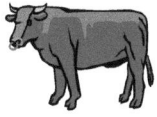

бык

toro

гусь

ganso

утка

pato

цыплёнок

pollo

курица

gallina

петух

gallo

крыса

rata

кошка

gato

мышь

ratón

вол

buey

собака

perro

конура

casa dperro

садовый шланг

manguera

лейка

regadera

коса

guadaña

плуг

arado

серп
hoz

мотыга
azadón

навозные вилы
horquilla

топор
hacha

тачка
carretilla

корыто
bebedero

бидон для молока
bote de leche

мешок
saco

забор
valla

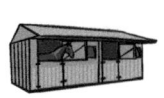

хлев
establo

теплица
invernadero

почва
suelo

посев
semilla

удобрение
fertilizador

комбайн
cosechadora

ферма - granja

собирать урожай

cosechar

урожай

cosecha

ямс

camote

пшеница

trigo

соя

soja

картофель

patata

кукуруза

maíz

рапс

semilde colza

фруктовое дерево

árbol frutal

маниок

mandioca

злаки

cereales

дом

casa

дымоход
chimenea
крыша
tejado
водосточный желоб
canalón
окно
ventana
гараж
garaje
звонок
timbre
дверь
puerta
мусорное ведро
bote de basura
почтовый ящик
buzón
сад
jardín

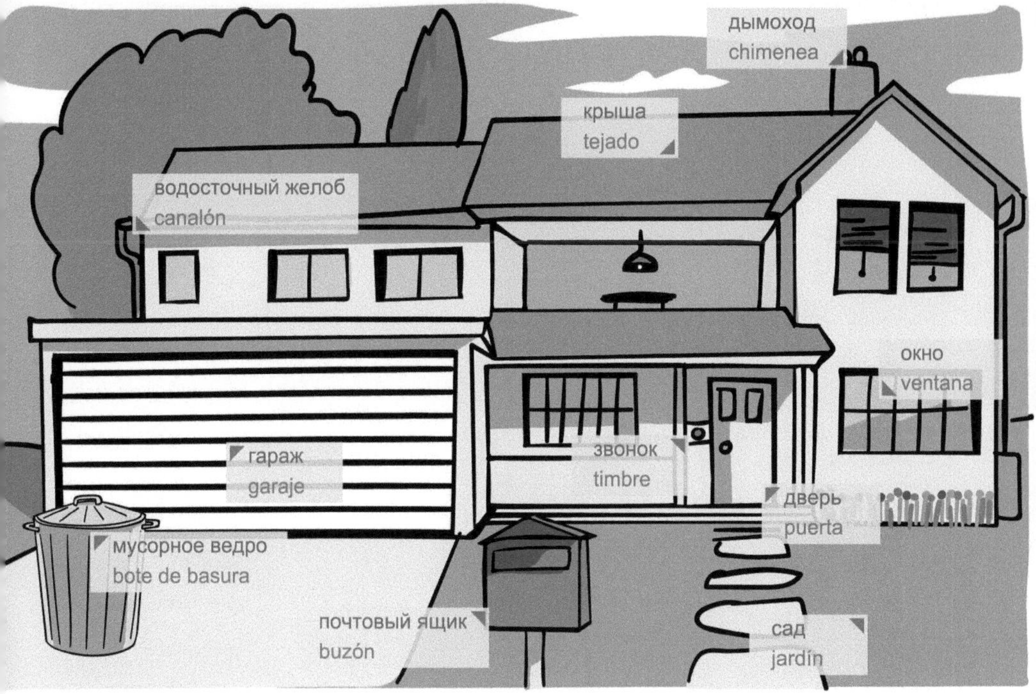

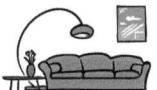

гостиная

estancia

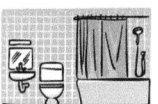

ванная комната

baño

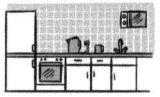

кухня

cocina

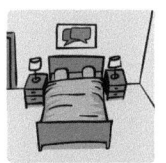

спальня

recámara

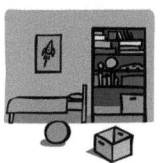

детская комната

recámara de los niños

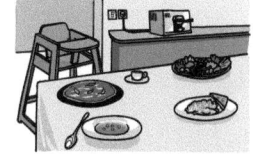

столовая

comedor

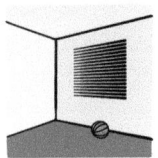

пол

suelo

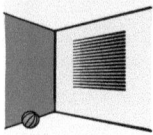

стена

pared

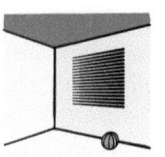

потолок

techo

подвал

sótano

сауна

sauna

балкон

balcón

терраса

terraza

бассейн

alberca

газонокосилка

cortacésped

пододеяльник

sábana

покрывало

colcha

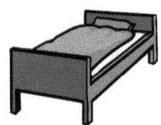

кровать

cama

метла

escoba

ведро

balde

выключатель

interruptor

гостиная

estancia

обои
pappara empapelar
рисунок
imagen
лампа
lámpara
полка
estante
шкаф
alacena
телевизор
televisión
камин
chimenea
цветок
flor
подушка
cojín
диван
sofá
ваза
florero
пульт дистанционного управления
control remoto

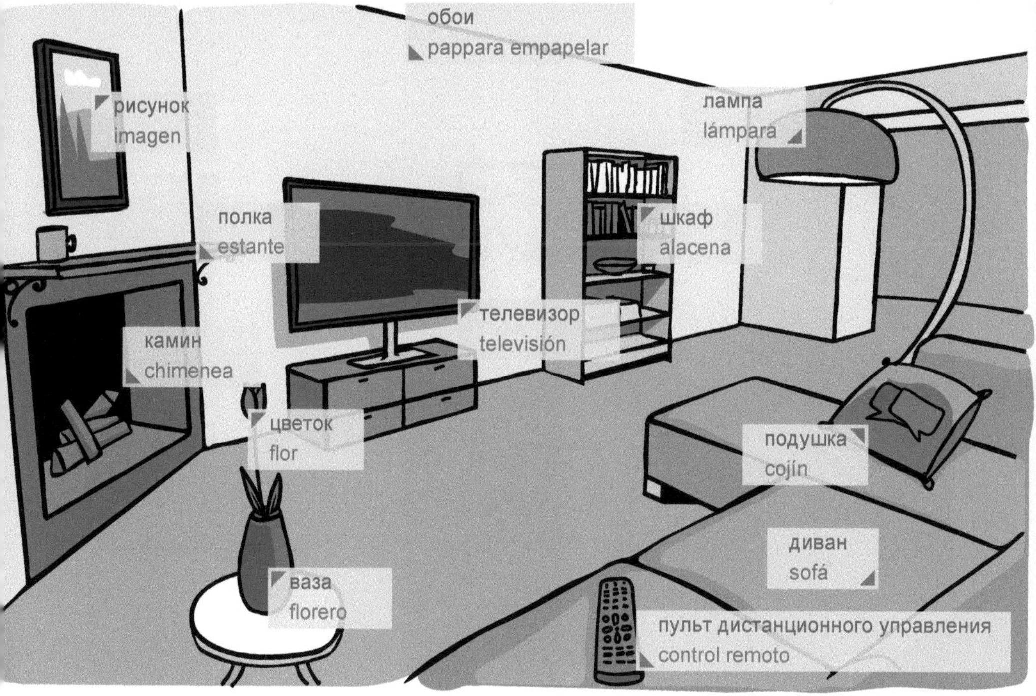

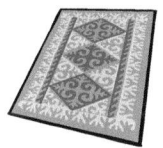

ковёр

alfombra

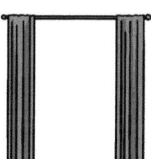

штора

cortina

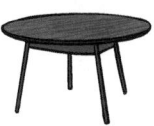

стол

mesa

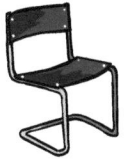

стул

silla

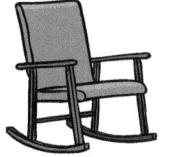

кресло-качалка

mecedora

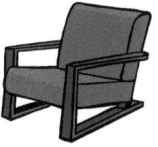

кресло

sillón

книга

libro

покрывало

frazada

украшение

decoración

дрова

leña

фильм

película

стереосистема

equipo de música

ключ

llave

газета

periódico

картина

pintura

плакат

póster

радио

radio

блокнот

cuaderno

пылесос

aspiradora

кактус

cactus

свеча

vela

кухня
cocina

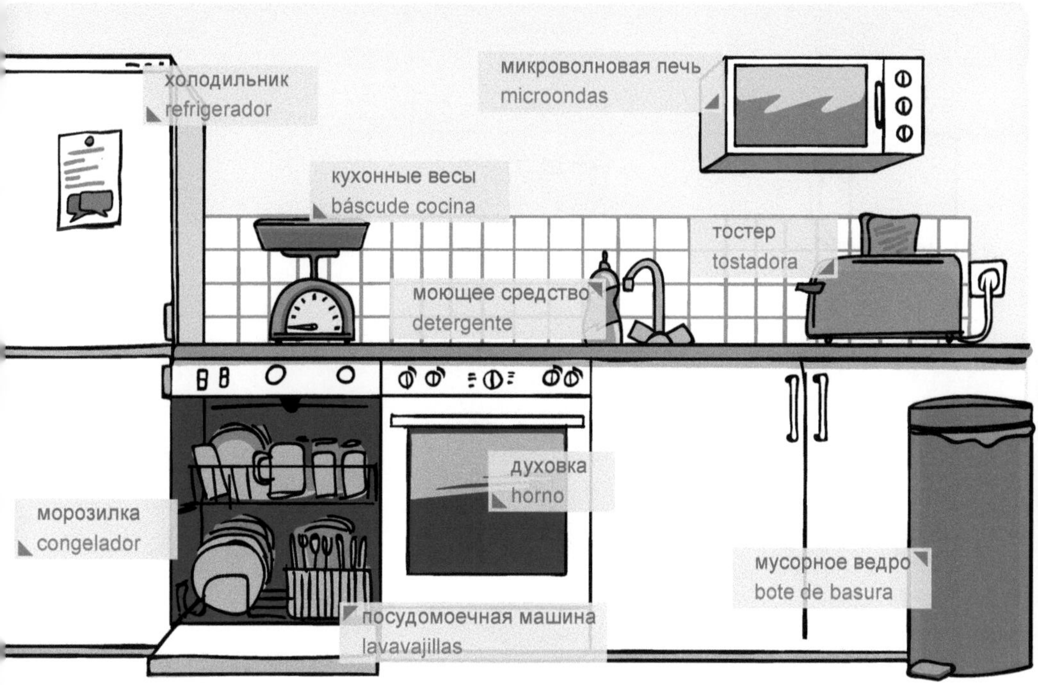
холодильник
refrigerador
микроволновая печь
microondas
кухонные весы
báscude cocina
тостер
tostadora
моющее средство
detergente
духовка
horno
морозилка
congelador
мусорное ведро
bote de basura
посудомоечная машина
lavavajillas

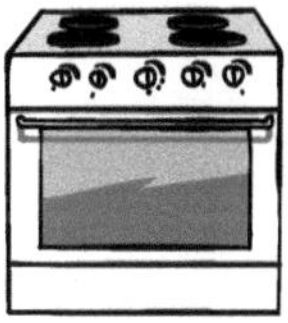

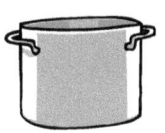

плита
opresión

кастрюля
olla

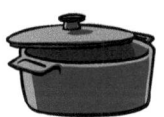

чугунный котелок
olde hierro fundido

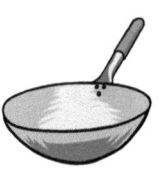

вок / кадай
wok

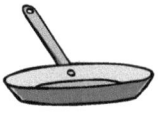

сковорода
sartén

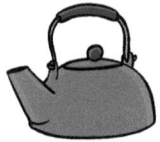

чайник
hervidor

пароварка

vaporera

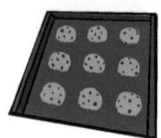

противень

charode horno

посуда

loza

кружка

taza

миска

bol

палочки для еды

palillos

половник

cucharón

лопатка

espátula

сбивалка

batidora

сито

colador

сито

colador

тёрка

rallador

ступка

mortero

гриль

barbacoa

костёр

fogata

доска

tabpara picar

скалка

rodillo para amasar

штопор

sacacorchos

жестяная банка

lata

консервный нож

abrelatas

прихватка

guante de cocina

раковина

fregadero

щетка

cepillo

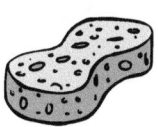

губка

esponja

миксер

batidora

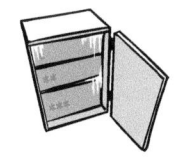

морозильная камера

congelador

бутылочка для кормления

biberón

кран

llave

ванная комната

baño

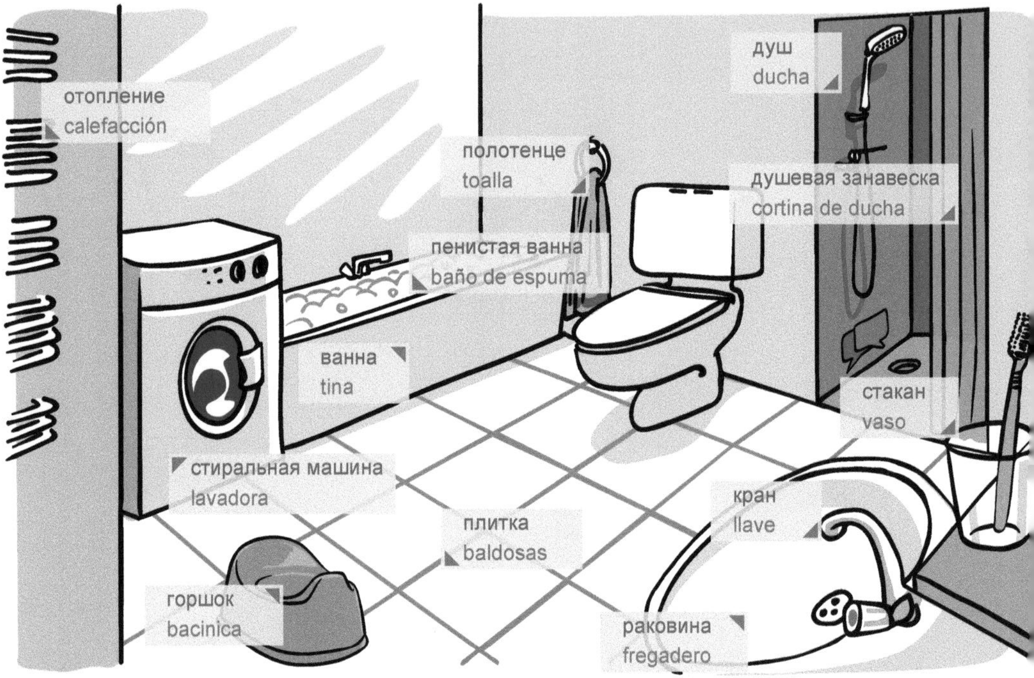

отопление
calefacción
полотенце
toalla
душ
ducha
душевая занавеска
cortina de ducha
пенистая ванна
baño de espuma
ванна
tina
стакан
vaso
стиральная машина
lavadora
кран
llave
плитка
baldosas
горшок
bacinica
раковина
fregadero

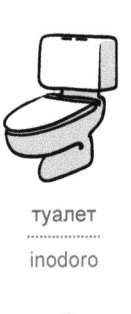

туалет

inodoro

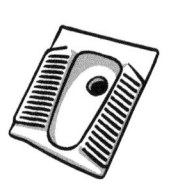

напольный унитаз

letrina

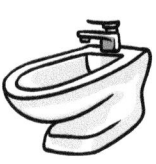

биде

bidé

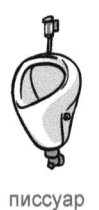

писсуар

mingitorio

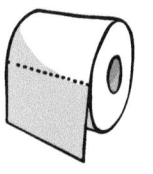

туалетная бумага

paphigiénico

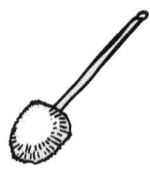

ершик

cepillo para baño

зубная щетка

cepillo de dientes

зубная паста

pasta dental

зубная нить

hilo dental

мыть

lavar

ручной душ

ducha de mano

интимный душ

ducha vaginal

таз

fregadero

щетка для спины

cepillo de espalda

мыло

jabón

гель для душа

gde ducha

шампунь

champú

мочалка

toallita

сток

drenaje

крем

crema

дезодорант

desodorante

зеркало

espejo

ручное зеркало

espejo de tocador

бритва

máquina para afeitar

пена для бритья

espuma de afeitar

лосьон после бритья

loción para después de afeitar

расческа

peine

щетка

cepillo

фен

secadora

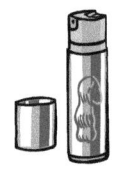

лак для волос

laca

косметика

maquillaje

губная помада

lápiz labial

лак для ногтей

esmalte para uñas

вата

algodón

маникюрные ножницы

tijeras para uñas

духи

perfume

косметичка

estuche para cosméticos

табуретка

taburete

весы

báscula

халат

bata

резиновые перчатки

guantes de goma

тампон

tampón

гигиеническая прокладка

toalsanitaria

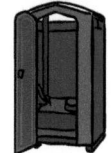

биотуалет

baño móvil

детская комната
recámara de los niños

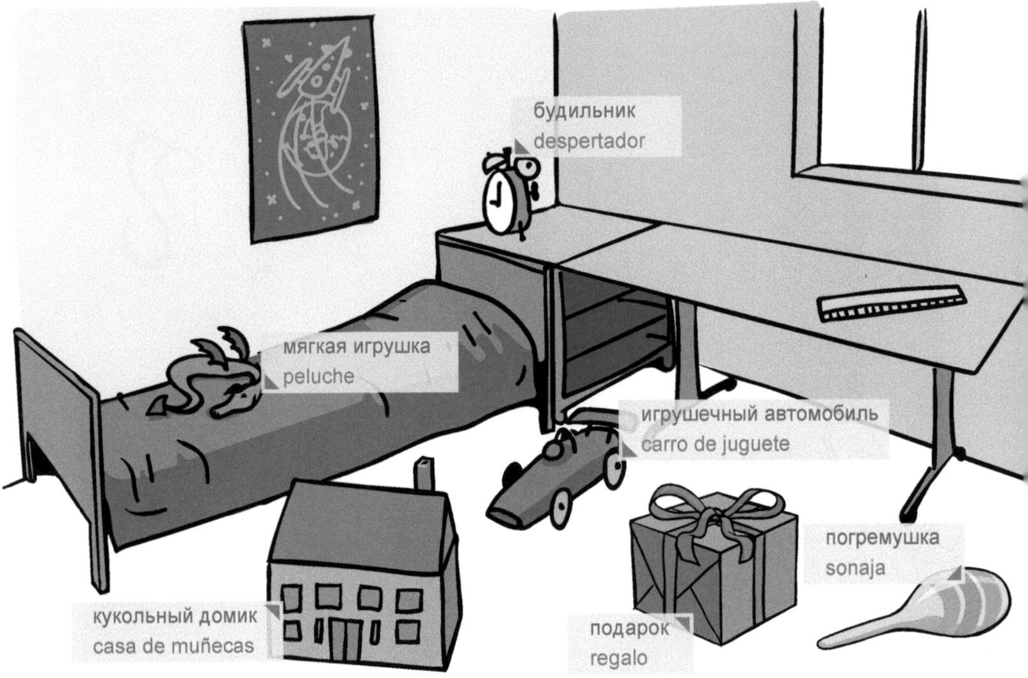
будильник
despertador
мягкая игрушка
peluche
игрушечный автомобиль
carro de juguete
погремушка
sonaja
кукольный домик
casa de muñecas
подарок
regalo

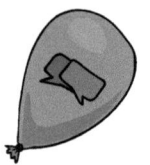

воздушный шар

globo

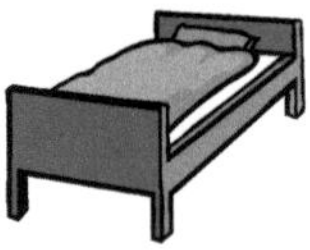

кровать

cama

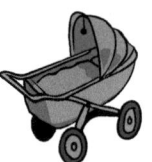

детская коляска

carriola

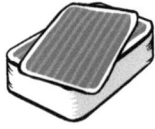

карточная игра

cartas

пазл

rompecabezas

SUPER MEGA

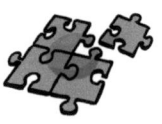

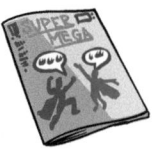

комикс

cómic

кирпичики Лего

piezas de lego

кубики

bloques para jugar

игрушечная фигурка

figura de acción

ползунки

mameluco

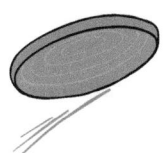

фрисби

frisbee

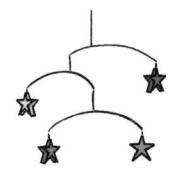

мобиле

móvil para bebés

настольная игра

juego de mesa

кубик

dados

модель железной дороги

tren eléctrico

соска

maniquí

вечеринка

fiesta

книга с картинками

álbum de fotos

мяч

balón

кукла

muñeca

играть

jugar

песочница

arenero

качели

columpio

игрушка

juguetes

игровая приставка

consode videojuegos

трёхколесный велосипед

triciclo

плюшевый медвежонок

oso de peluche

шкаф для одежды

clóset

одежда

ropa

носки

calcetines

чулки

pantimedias

колготки

mallas

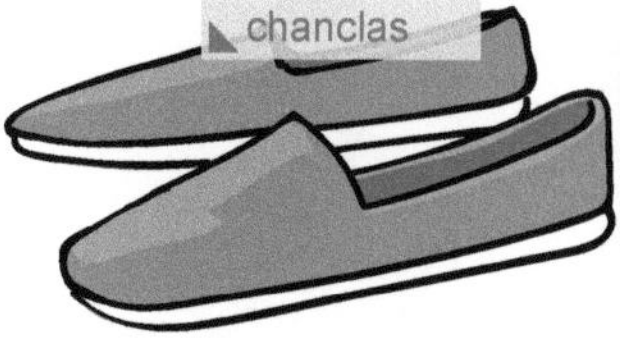

шарф
bufanda

зонтик
paraguas

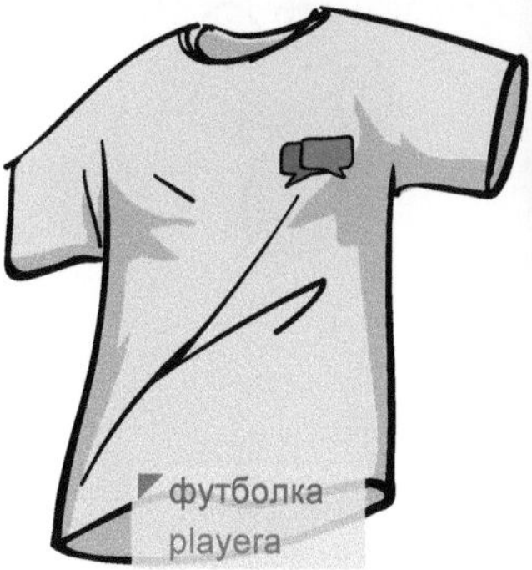

футболка
playera

ремень
cinto

сапоги
botas

тапки
chanclas

кроссовки
tenis

сандалии
....
sandalias

ботинки
....
zapatos

резиновые сапоги
....
botas de goma

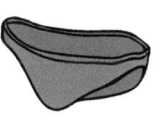

трусы
....
ropa interior

бюстгальтер
....
brasier

майка
....
chaleco

боди
body

брюки
pantalones

джинсы
pantalones de mezclilla

юбка
falda

блузка
blusa

рубашка
camisa

свитер
suéter

свитер
sudadera

спортивная куртка
saco sport

жакет
chamarra

пальто
abrigo

плащ
impermeable

костюм
traje

платье
vestido

свадебное платье
vestido de novia

мужской костюм
traje

ночная сорочка
camisón

пижама
pijama

сари
sari

платок
pañuelo para cabeza

тюрбан
turbante

паранджа
burka

кафтан
caftán

абайя
abaya

купальник
traje de baño

плавки
short de baño

шорты
shorts

спортивный костюм
pants

фартук
delantal

перчатки
guantes

пуговица

botón

очки

gafas

браслет

brazalete

цепочка

collar

кольцо

anillo

серьга

arete

шапка

gorra

вешалка

gancho

шляпа

sombrero

галстук

corbata

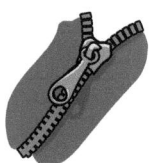

застежка молния

cierre

шлем

casco

подтяжки

tirantes

школьная форма

uniforme

форма

uniforme

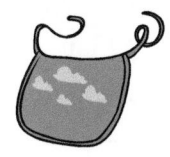

детский нагрудник

babero

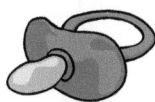

соска

maniquí

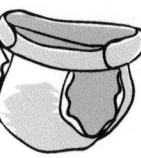

подгузник

pañal

офис
oficina

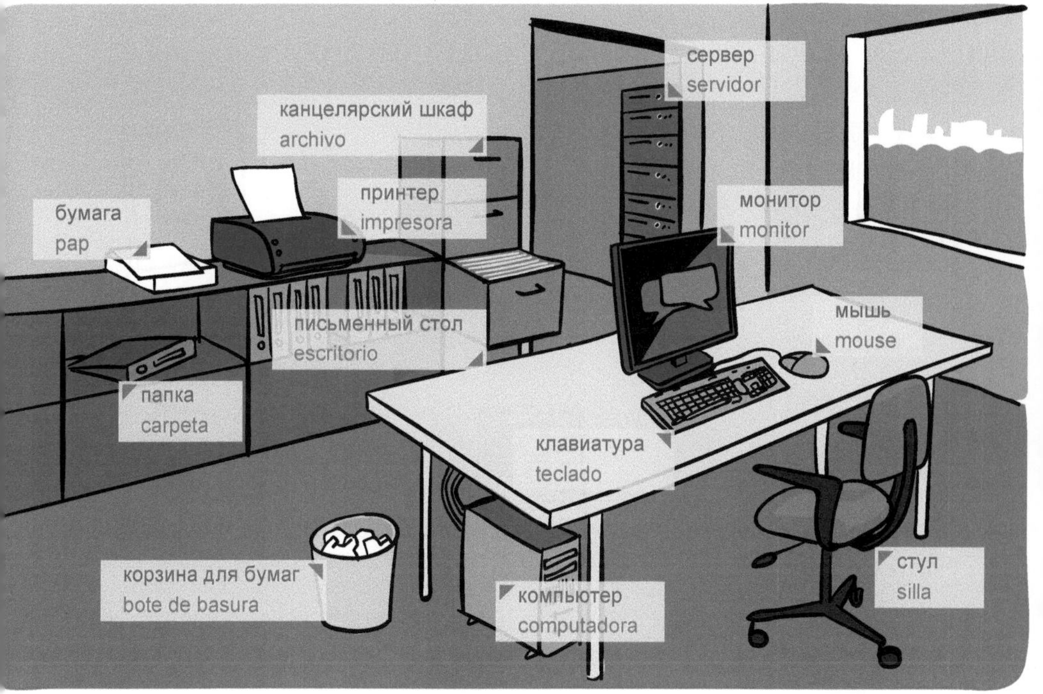
сервер
servidor
канцелярский шкаф
archivo
принтер
impresora
бумага
pap
монитор
monitor
письменный стол
escritorio
мышь
mouse
папка
carpeta
клавиатура
teclado
стул
silla
корзина для бумаг
bote de basura
компьютер
computadora

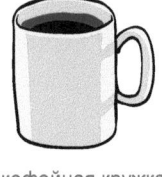

кофейная кружка

taza de café

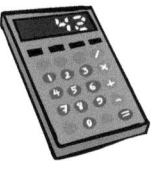

калькулятор

calculadora

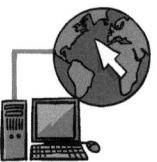

интернет

internet

ноутбук

notebook

письмо

carta

сообщение

mensaje

мобильный телефон

móvil

сеть

red

ксерокс

fotocopiadora

программа

software

телефон

teléfono

розетка

tomacorriente

факс

fax

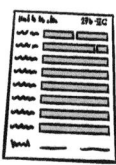

формуляр

formulario

документ

documento

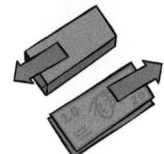

покупать

comprar

платить

pagar

торговать

hacer negocios

деньги

dinero

доллар

dólar

евро

euro

иена

yen

рубль

rublo

франк

franco suizo

жэньминьби юань

yuan

рупия

rupia

банкомат

cajero automático

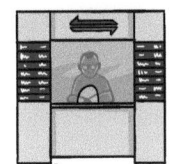

пункт обмена валюты

casa de cambio

золото

oro

серебро

plata

нефть

petróleo

энергия

energía

цена

precio

договор

contrato

налог

impuesto

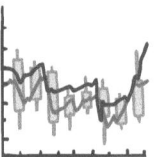

акция

acción

работать

trabajar

служащий

empleado

работодатель

empleador

фабрика

fábrica

магазин

tienda

профессии
ocupaciones

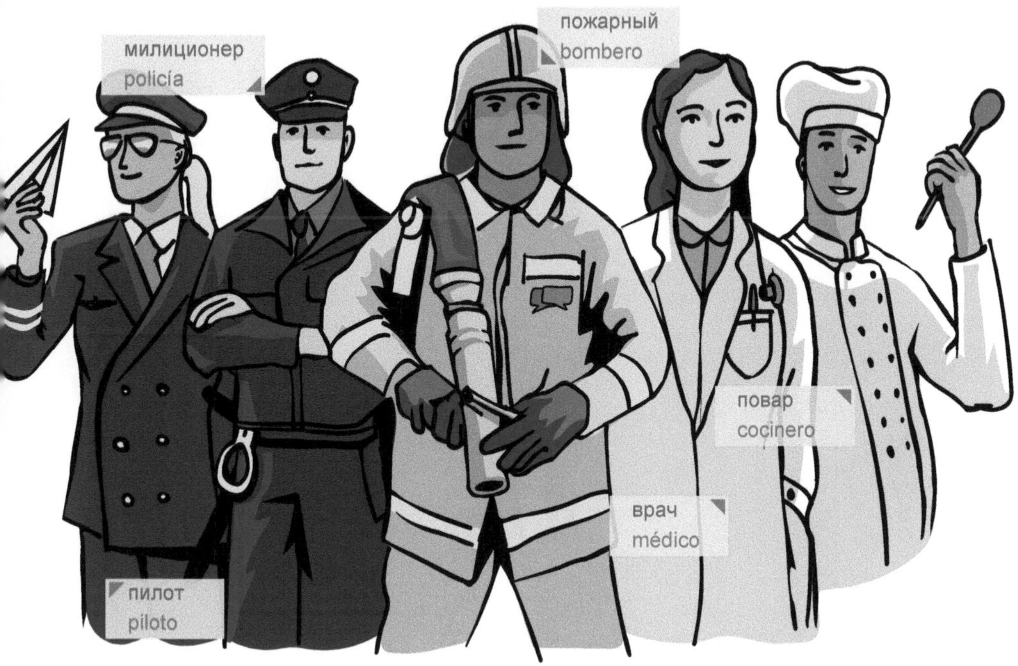
милиционер
policía
пожарный
bombero
повар
cocinero
врач
médico
пилот
piloto

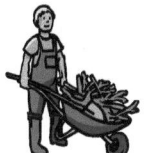

садовник

jardinero

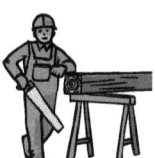

столяр

carpintero

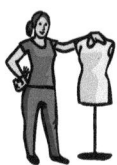

швея

costurera

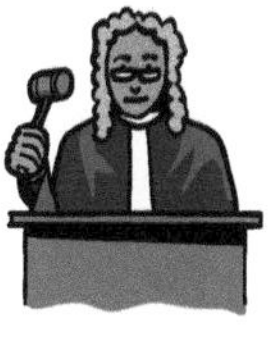

судья

juez

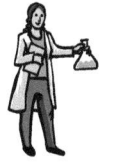

химик

farmacéutico

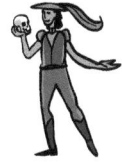

актёр

actor

водитель автобуса

conductor de autobús

таксист

taxista

рыбак

pescador

уборщица

señora de limpieza

кровельщик

instalador de techos

официант

camarero

охотник

cazador

художник

pintor

пекарь

panadero

электрик

electricista

строитель

obrero

инженер

ingeniero

мясник

carnicero

сантехник

plomero

почтальон

cartero

солдат

soldado

архитектор

arquitecto

кассир

cajero

флорист

florista

парикмахер

peluquero

кондуктор

cobrador

механик

mecánico

капитан

capitán

зубной врач

dentista

ученый

científico

раввин

rabino

имам

imán

монах

monje

священник

sacerdote

инструменты
herramientas

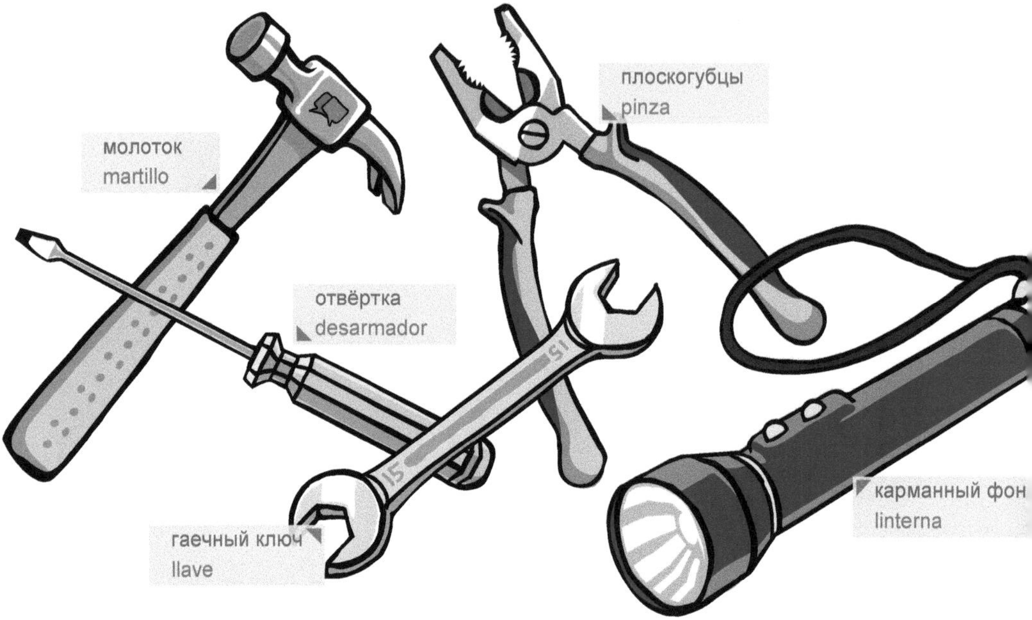
молоток
martillo
плоскогубцы
pinza
отвёртка
desarmador
гаечный ключ
llave
карманный фон
linterna

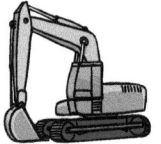

экскаватор

excavadora

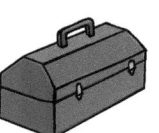

ящик для инструментов

caja de herramientas

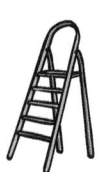

стремянка

escalera de mano

пила

sierra

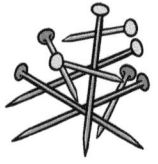

гвозди

clavos

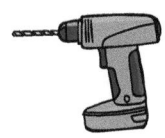

дрель

taladro

ремонтировать

reparar

лопата

pala

Блин!

¡Maldición!

совок

recogedor

ведро с краской

bote de pintura

винты

tornillos

музыкальные инструменты
instrumentos musicales

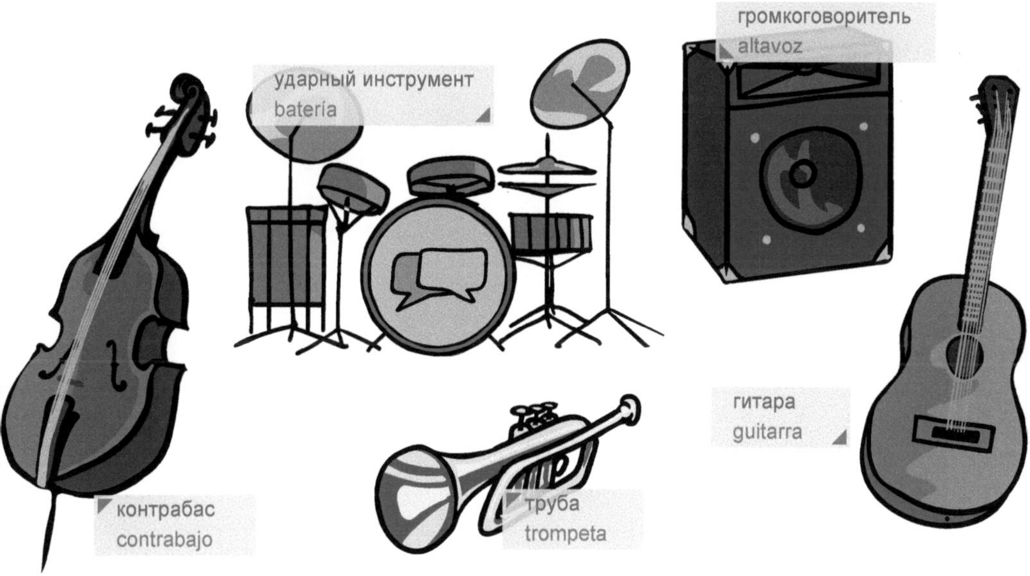

громкоговоритель
altavoz

ударный инструмент
batería

гитара
guitarra

контрабас
contrabajo

труба
trompeta

пианино

piano

скрипка

violín

бас-гитара

bajo

литавры

timbales

барабан

tambor

синтезатор

teclado

саксофон

saxofón

флейта

flauta

микрофон

micrófono

зоопарк

zoológico

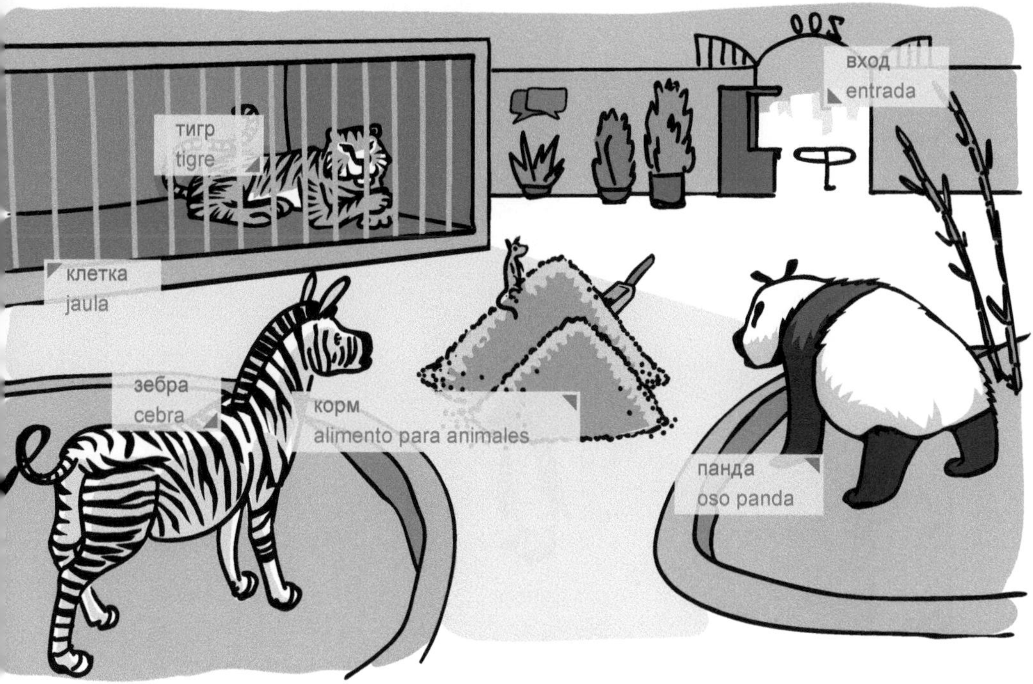
вход
entrada
тигр
tigre
клетка
jaula
зебра
cebra
корм
alimento para animales
панда
oso panda

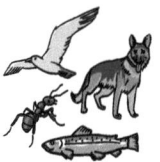

животные

animales

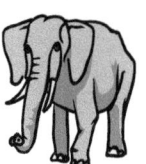

слон

elefante

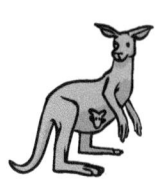

кенгуру

canguro

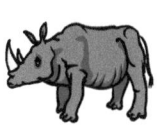

носорог

rinoceronte

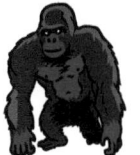

горилла

gorila

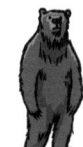

медведь

oso

верблюд

camello

страус

avestruz

лев

león

обезьяна

mono

фламинго

flamenco

попугай

loro

белый медведь

oso polar

пингвин

pingüino

акула

tiburón

павлин

pavo real

змея

serpiente

крокодил

cocodrilo

служитель зоопарка

guardián de zoológico

тюлень

foca

ягуар

jaguar

пони

poni

леопард

leopardo

бегемот

hipopótamo

жираф

jirafa

орёл

águila

кабан

jabalí

рыба

pescado

черепаха

tortuga

морж

morsa

лиса

zorro

газель

gacela

американский футбол
fútbol americano

езда на велосипеде
ciclismo

теннис
tenis

баскетбол
baloncesto

плавание
natación

хоккей
hockey sobre hielo

бокс
boxeo

футбол
fútbol

бадминтон
bádminton

лёгкая атлетика
atletismo

гандбол
handball

лыжный спорт
esquí

поло
polo

действия

actividades

смеяться
reír
прыгать
saltar
обнимать
abrazar
идти
caminar
петь
cantar
мечтать
soñar
молиться
rezar
целовать
besar

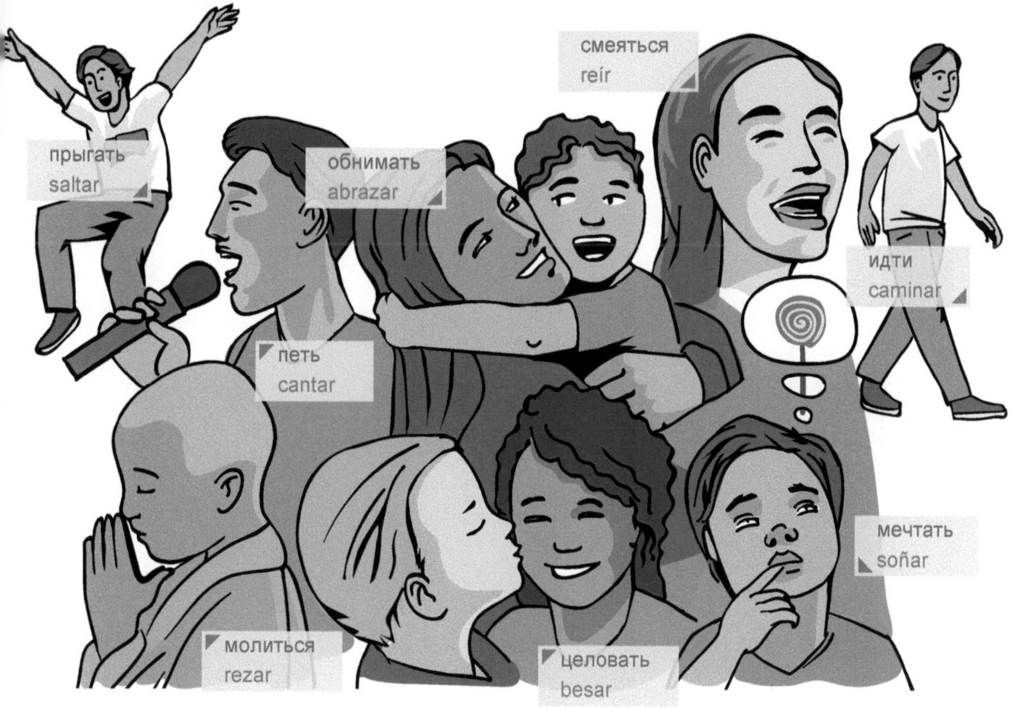

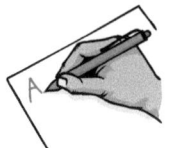

писать

escribir

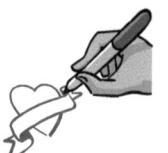

рисовать

dibujar

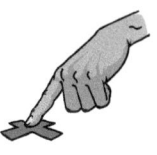

показывать

mostrar

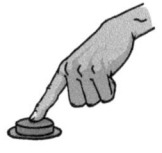

нажимать

empujar

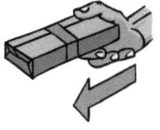

давать

dar

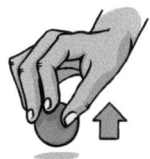

брать

tomar

иметь
....
tener

делать
....
hacer

быть
....
ser

стоять
....
estar parado

бежать
....
correr

тянуть
....
jalar

бросать
....
arrojar

падать
....
caer

лежать
....
estar acostado

ждать
....
esperar

носить
....
llevar

сидеть
....
estar sentado

надевать
....
vestirse

спать
....
dormir

просыпаться
....
despertar

рассматривать
mirar

плакать
llorar

гладить
acariciar

причесывать
peinar

говорить
hablar

понимать
entender

спрашивать
preguntar

слушать
escuchar

пить
beber

кушать
comer

наводить порядок
ordenar

любить
amar

готовить
cocinar

ехать
conducir

летать
volar

ходить под парусом

navegar

считать

calcular

читать

leer

учиться

aprender

работать

trabajar

вступать в брак

casarse

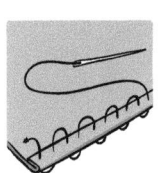

шить

coser

чистить зубы

cepillarse los dientes

убивать

matar

курить

fumar

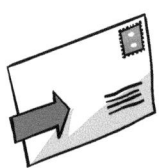

отправлять

enviar

семья

familia

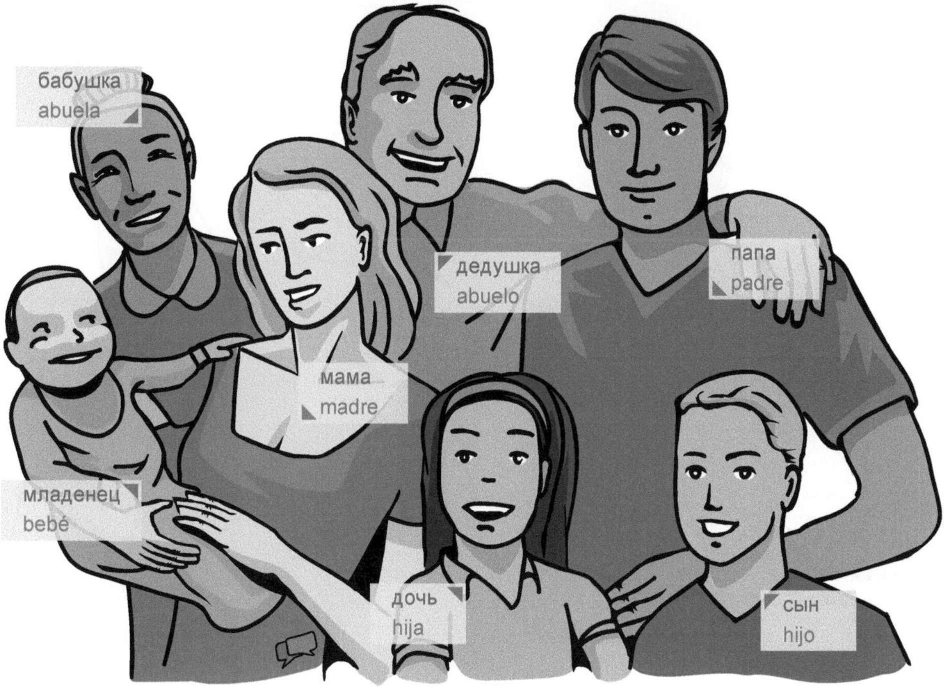

бабушка
abuela
дедушка
abuelo
папа
padre
мама
madre
младенец
bebé
дочь
hija
сын
hijo

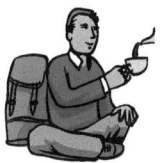

гость

invitado

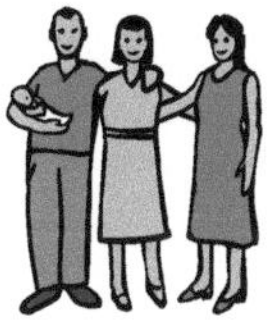

тетя

tía

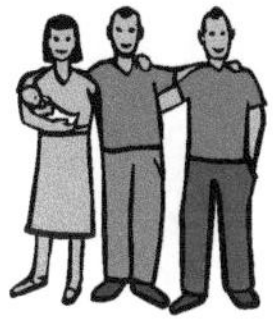

дядя

tío

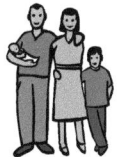

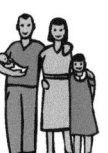

брат

hermano

сестра

hermana

тело

cuerpo

лоб
frente
глаз
ojo
лицо
cara
подбородок
barbilla
грудь
pecho
палец
dedo
кисть
mano
рука
brazo
плечо
hombro
нога
pierna

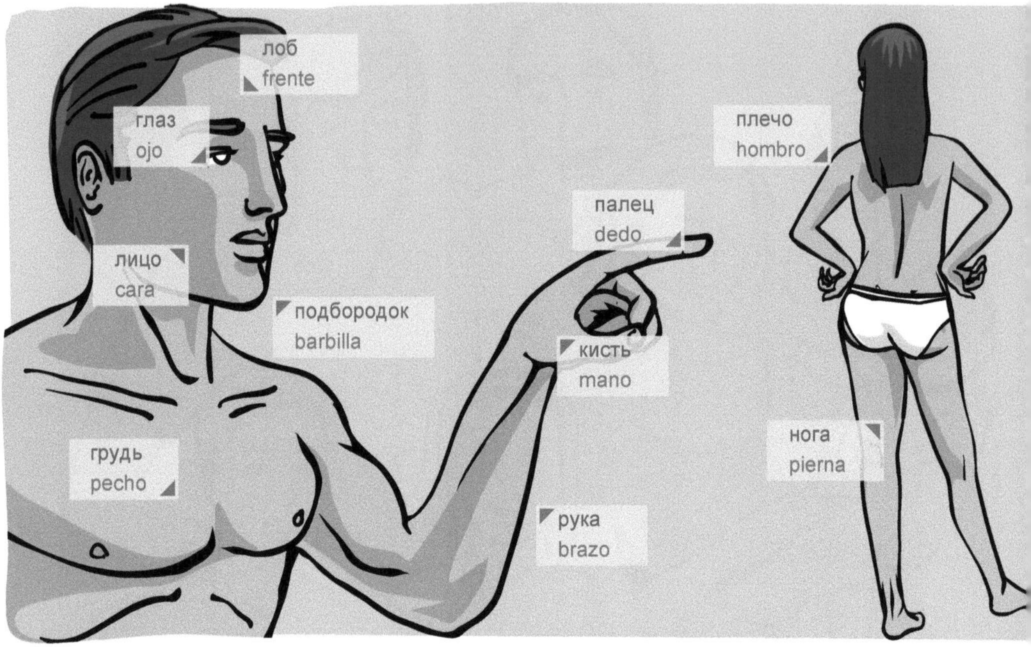

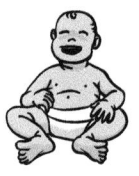

младенец

bebé

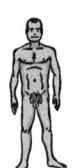

мужчина

hombre

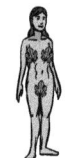

женщина

mujer

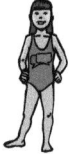

девочка

niña

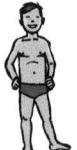

мальчик

niño

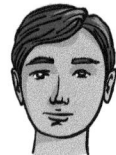

голова

cabeza

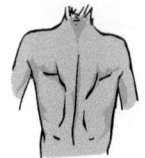

спина

espalda

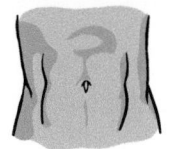

живот

barriga

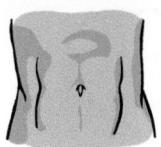

пупок

ombligo

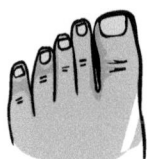

палец ноги

dedo dpie

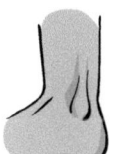

пятка

talón

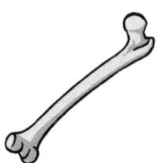

кость

hueso

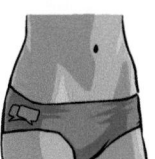

бедро

cadera

колено

rodilla

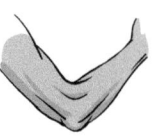

локоть

codo

нос

nariz

ягодицы

pompis

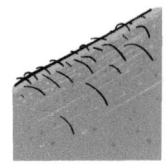

кожа

piel

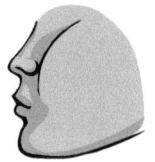

щека

mejilla

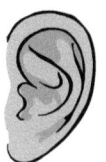

ухо

oído

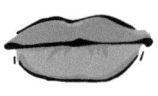

губа

labio

тело - cuerpo

рот

boca

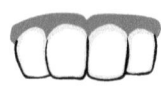

зуб

diente

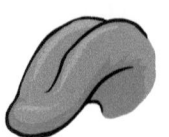

язык

lengua

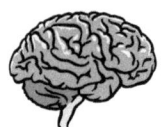

мозг

cerebro

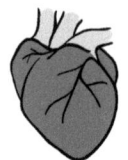

сердце

corazón

мышца

músculo

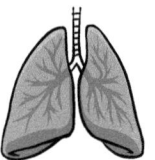

лёгкое

pulmón

печень

hígado

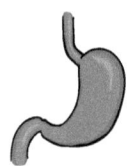

желудок

estómago

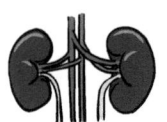

почки

riñones

половой акт

sexo

презерватив

condón

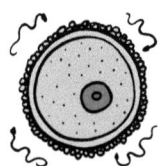

яйцеклетка

óvulo

сперма

semen

беременность

embarazo

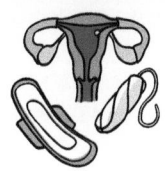

менструация

menstruación

вагина

vagina

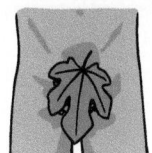

пенис

pene

бровь

ceja

волосы

cabello

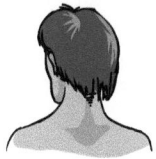

шея

cuello

больница
hospital

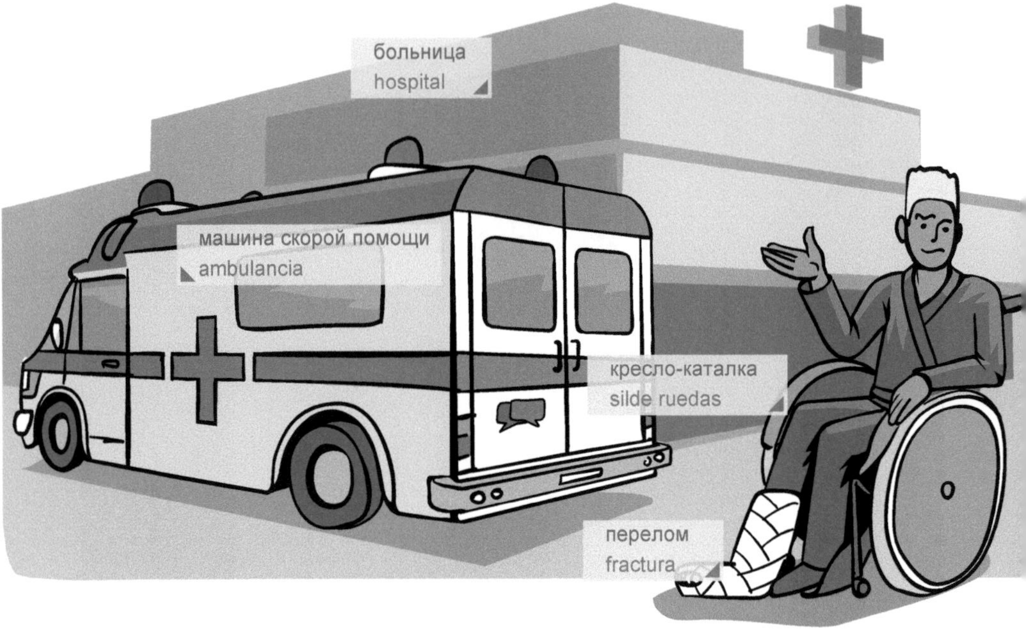

больница
hospital
машина скорой помощи
ambulancia
кресло-каталка
silde ruedas
перелом
fractura

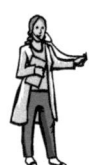

врач
médico

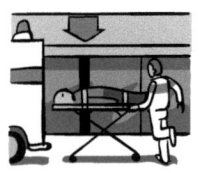

пункт первой помощи
sade emergencias

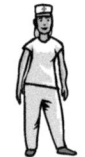

медсестра
enfermera

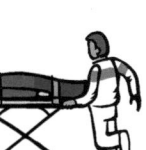

неотложный случай
emergencia

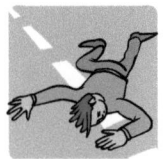

без сознания
inconsciente

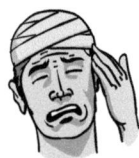

боль
dolor

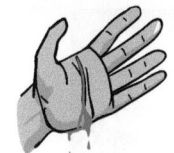

повреждение

lesión

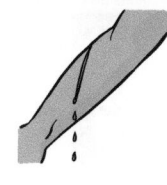

кровотечение

hemorragia

инфаркт

infarto

инсульт

accidente cerebrovascular

аллергия

alergia

кашель

tos

повышенная температура

fiebre

грипп

gripa

понос

diarrea

головная боль

dolor de cabeza

рак

cáncer

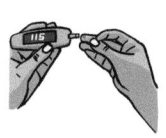

диабет

diabetes

хирург

cirujano

скальпель

bisturí

операция

operación

КТ

TC

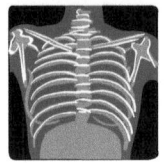

рентген

rayos x

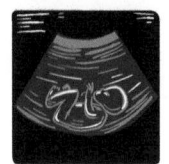

ультразвук

ultrasonido

маска

mascarilla

болезнь

enfermedad

приёмная

sade espera

костыль

muleta

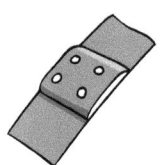

пластырь

vendita

бинт

vendaje

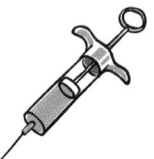

укол

inyección

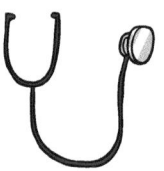

стетоскоп

estetoscopio

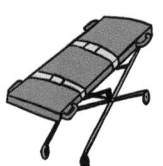

носилки

camilla

термометр

termómetro

рождение

nacimiento

избыточный вес

sobrepeso

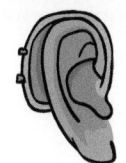

слуховой аппарат

audífono

дезинфекционное
средство
desinfectante

инфекция

infección

вирус

virus

ВИЧ / СПИД

VIH / SIDA

лекарство

medicina

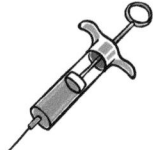

прививка

vacunación

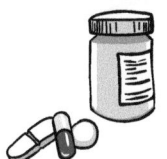

таблетки

tabletas

противозачаточная
таблетка
pastilanticonceptiva

экстренный вызов

llamada de emergencia

прибор для измерения
кровяного давления
medidor de presión

больной / здоровый

enfermo / sano

Помогите!

¡Socorro!

сигнал тревоги

alarma

нападение

agresión

атака

ataque

опасность

peligro

запасной выход

salida de emergencia

Пожар!

¡Fuego!

огнетушитель

extintor de incendios

несчастный случай

accidente

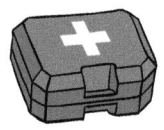

аптечка

botiquín de primeros
auxilios

SOS

SOS

милиция

policía

Европа

Europa

Северная Америка

Norteamérica

Южная Америка

Sudamérica

Африка

África

Азия

Asia

Австралия

Australia

Атлантический океан

Atlántico

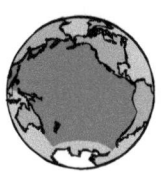

Тихий океан

Pacífico

Индийский океан

Océano Índico

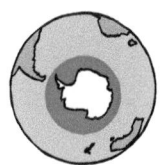

Антарктический океан

Océano Antártico

Северный Ледовитый океан

Océano Ártico

Северный полюс

polo norte

Южный полюс

polo sur

Антарктика

Antártida

земля

tierra

суша

tierra

море

mar

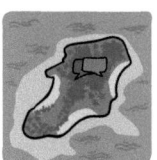

остров

isla

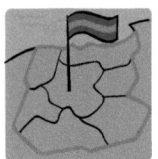

нация

nación

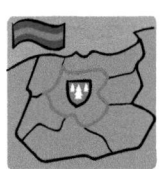

государство

estado

циферблат

esfera

часовая стрелка

manecilde las horas

минутная стрелка

minutero

секундная стрелка

segundero

Который час?

¿Qué hora es?

день

día

время

hora

сейчас

ahora

электронные часы

reloj digital

минута

minuto

час

hora

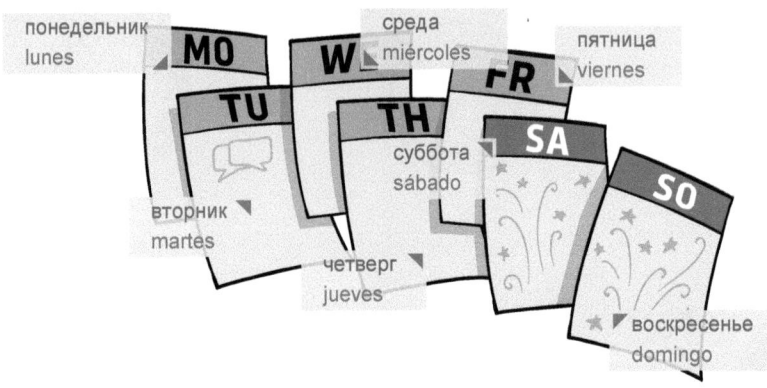

понедельник
lunes

среда
miércoles

пятница
viernes

вторник
martes

четверг
jueves

суббота
sábado

воскресенье
domingo

вчера
ayer

сегодня
hoy

завтра
mañana

утро
mañana

полдень
mediodía

вечер
tarde

рабочие дни
días laborables

выходные
fin de semana

год

año

дождь
lluvia
радуга
arco iris
снег
nieve
ветер
viento
весна
primavera
осень
otoño
лето
verano
зима
invierno

4.APRIL 11°
5.APRIL 4°
6.APRIL 13°
7.APRIL 8°
8.APRIL 10°

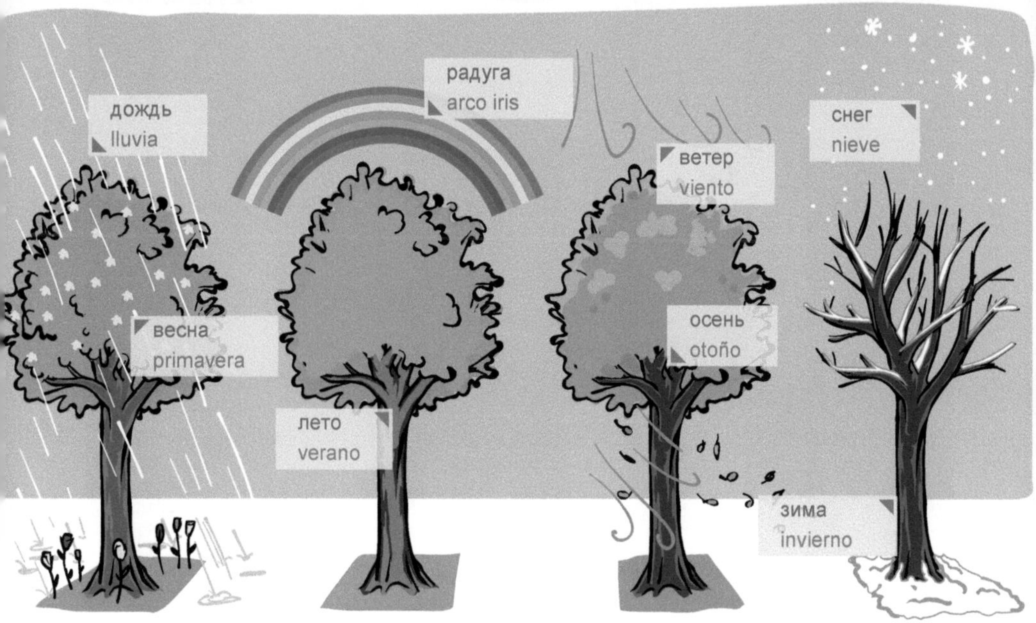

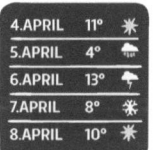

прогноз погоды

pronóstico dtiempo

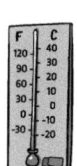

термометр

termómetro

солнечный свет

sol

туча

nube

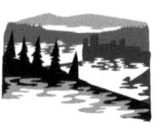

туман

niebla

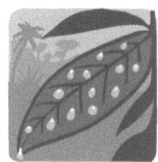

влажность воздуха

humedad

молния

rayo

гром

trueno

буря

tormenta

град

granizo

муссон

monzón

наводнение

inundación

лёд

hielo

январь

enero

февраль

febrero

март

marzo

апрель

abril

май

mayo

июнь

junio

июль

julio

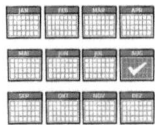

август

agosto

год - año

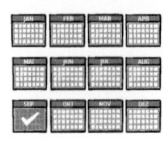

сентябрь

septiembre

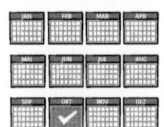

октябрь

octubre

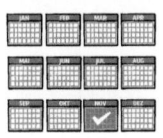

ноябрь

noviembre

декабрь

diciembre

формы

formas

круг

círculo

квадрат

cuadrado

прямоугольник

rectángulo

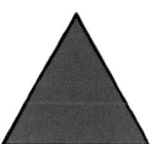

треугольник

triángulo

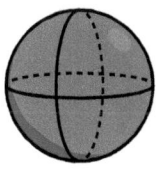

шар

esfera

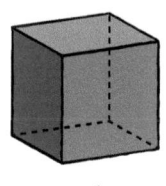

куб

cubo

белый

blanco

желтый

amarillo

оранжевый

naranja

розовый

rosa

красный

rojo

лиловый

morado

синий

azul

зелёный

verde

коричневый

marrón

серый

gris

черный

negro

много / мало

mucho / poco

яростный / мирный

enojado / tranquilo

красивый / уродливый

bonito / feo

начало / конец

principio / fin

большой / маленький

grande / pequeño

светлый / темный

claro / oscuro

брат / сестра

hermano / hermana

чистый / грязный

limpio / sucio

полный / неполный

completo / incompleto

день / ночь

día / noche

мёртвый / живой

muerto / vivo

широкий / узкий

ancho / angosto

съедобный / несъедобный

comestible / no comestible

злой / дружелюбный

malo / amable

взволнованный / скучающий

entusiasmado / aburrido

толстый / худой

gordo / delgado

сначала / в конце

primero / último

друг / враг

amigo / enemigo

полный / пустой

lleno / vacío

твёрдый / мягкий

duro / blando

тяжёлый / легкий

pesado / ligero

голод / жажда

hambre / sed

больной / здоровый

enfermo / sano

незаконный / законный

ilegal / legal

умный / глупый

inteligente / tonto

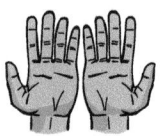

слева / справа

izquierda / derecha

близко / далеко

cerca / lejos

новый / подержанный

nuevo / usado

ничто / нечто

nada / algo

старый / молодой

viejo / joven

включено / выключено

encendido / apagado

открыто / закрыто

abierto / cerrado

тихо / громко

silencioso / ruidoso

богатый / бедный

rico / pobre

правильный /
неправильный
correcto / incorrecto

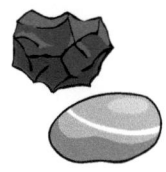

шероховатый / гладкий

áspero / suave

печальный / счастливый

triste / contento

короткий / длинный

corto / largo

медленный / быстрый

lento / rápido

мокрый / сухой

húmedo / seco

тёплый / прохладный

caliente / frío

война / мир

guerra / paz

0

ноль

cero

1

один

uno

2

два

dos

3

три

tres

4

четыре

cuatro

5

пять

cinco

6

шесть

seis

7

семь

siete

8

восемь

ocho

9

девять

nueve

10

десять

diez

11

одиннадцать

once

12

двенадцать

doce

13

тринадцать

trece

14

четырнадцать

catorce

15

пятнадцать

quince

16

шестнадцать

dieciséis

17

семнадцать

diecisiete

18

восемнадцать

dieciocho

19

девятнадцать

diecinueve

20

двадцать

veinte

100

сто

cien

1.000

тысяча

mil

1.000.000

миллион

millón

английский

inglés

американский английский

inglés americano

мандаринский китайский

chino mandarín

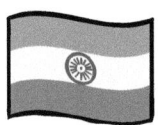

хинди

hindi

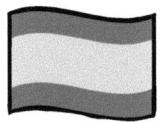

испанский

español

французский

francés

арабский

árabe

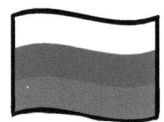

русский

ruso

португальский

portugués

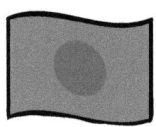

бенгальский

bengalí

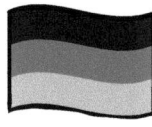

немецкий

alemán

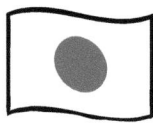

японский

japonés

я
....
yo

ты
....
tú

он / она / оно
....
él / ella

мы
....
nosotros

вы
....
vosotros

они
....
ellos

кто?
....
¿quién?

что?
....
¿qué?

как?
....
¿cómo?

где?
....
¿dónde?

когда?
....
¿cuándo?

имя
....
nombre

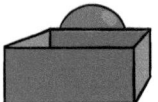

за

detrás

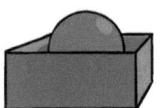

в

en

перед

delante de

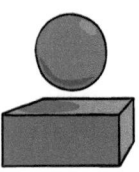

над

por encima de

на

sobre

под

debajo de

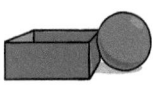

рядом

junto a

между

entre

место

lugar